Asha Sohal

Ligar o futuro em rede: explorar uma solução inovadora de comunicação de dados

Asha Sohal

Ligar o futuro em rede: explorar uma solução inovadora de comunicação de dados

ScienciaScripts

Cover image: www.ingimage.com

This book is a translation from the original published under ISBN 978-620-7-64999-0.

Publisher:
Sciencia Scripts
is a trademark of
Dodo Books Indian Ocean Ltd. and OmniScriptum S.R.L publishing group

120 High Road, East Finchley, London, N2 9ED, United Kingdom
Str. Armeneasca 28/1, office 1, Chisinau MD-2012, Republic of Moldova, Europe
Printed at: see last page
ISBN: 978-620-7-72397-3

"Ligar o futuro em rede: Explorando soluções inovadoras de comunicação de dados"

Conteúdo

1. Introdução: ... 3

2. Compreender as redes de comunicação de dados: ... 5

3. Tecnologias de rede tradicionais: ... 8

4. Tendências emergentes na comunicação de dados: ... 11

5. Redes definidas por software (SDN) ... 16

6. Virtualização das funções de rede (NFV) ... 19

7. Computação de ponta e redes ... 23

8. Conectividade da Internet das coisas (IoT) ... 27

9. 5G e mais além: Redes sem fios da próxima geração: ... 31

10. 5G e mais além: Redes sem fios da próxima geração: ... 36

11. Cadeia de blocos e redes distribuídas ... 41

12. Redes quânticas: O futuro da comunicação segura ... 45

13. Inteligência artificial em redes ... 50

14. Desafios e soluções em matéria de segurança das redes ... 55

15. Referências ... 62

1. Introdução:

Numa era marcada por uma conetividade e troca de informações sem precedentes, as redes de comunicação de dados são a espinha dorsal do nosso mundo digital. Desde simples trocas de correio eletrónico a complexos serviços baseados na nuvem, estas redes facilitam a transmissão ininterrupta de dados através de grandes distâncias, moldando a forma como vivemos, trabalhamos e interagimos.

À medida que nos encontramos à beira de uma nova era, caracterizada por rápidos avanços tecnológicos e inovações transformadoras, o panorama das redes de comunicação de dados está a sofrer uma profunda evolução. Os paradigmas de rede tradicionais estão a ser redefinidos, dando origem a uma infinidade de tecnologias e arquitecturas emergentes que prometem revolucionar a forma como percebemos e utilizamos a infraestrutura de rede.

Esta introdução serve de porta de entrada para explorar os meandros das modernas redes de comunicação de dados, aprofundando os princípios fundamentais que sustentam o seu funcionamento, ao mesmo tempo que examina as últimas tendências e desenvolvimentos que impulsionam a sua evolução. Do advento das redes definidas por software (SDN) ao surgimento da computação de ponta e à proliferação de dispositivos da Internet das Coisas (IoT), embarcaremos numa viagem para desvendar as complexidades do mundo interligado de hoje.

Através desta exploração, obteremos informações sobre os desafios e as oportunidades que se avizinham, abordando questões fundamentais como a escalabilidade, a segurança e a resiliência das redes face a uma procura cada vez maior de largura de banda e conetividade. Além disso, aprofundaremos o papel da inteligência artificial, da computação quântica e de outras tecnologias de ponta na definição do futuro das redes de comunicação de dados, abrindo caminho para um mundo mais interligado e inteligente.

Ao navegarmos por estes tópicos, torna-se evidente que o futuro das redes de comunicação de dados é imensamente promissor, oferecendo oportunidades ilimitadas de inovação, colaboração e descoberta. Ao promover uma compreensão mais profunda destas redes e das tecnologias que impulsionam a sua evolução, podemos desbloquear novas possibilidades e capacitar indivíduos e organizações para prosperarem num ecossistema global cada vez mais interligado.

Junte-se a nós nesta viagem enquanto embarcamos numa missão para desvendar os mistérios das redes de comunicação de dados e explorar as infinitas possibilidades que se avizinham no domínio da conetividade, comunicação e colaboração. Juntos, vamos traçar um rumo para um futuro em que a conetividade não conhece limites e a troca de informações transcende barreiras, enriquecendo vidas e moldando o mundo para as gerações vindouras.

2. Compreender as redes de comunicação de dados:

As redes de comunicação de dados funcionam como a infraestrutura que permite a troca de informações entre dispositivos, sistemas e utilizadores em vários locais. No seu núcleo, uma rede de comunicação de dados é um conjunto de nós interligados que facilitam a transmissão e receção de dados através de vários canais de comunicação.

1. **Componentes básicos**:

   - **Nós**: São os dispositivos ou pontos da rede onde os dados têm origem, são processados ou se destinam a ser recebidos. Os exemplos incluem computadores, routers, comutadores, servidores e dispositivos móveis.
   - **Canais de comunicação**: São as vias físicas ou lógicas que ligam os nós dentro da rede, permitindo a transmissão de dados. Os canais de comunicação podem ser com fios (por exemplo, cabos Ethernet, fibra ótica) ou sem fios (por exemplo, Wi-Fi, redes celulares).
   - **Protocolos**: Os protocolos definem as regras e convenções para a comunicação dentro da rede, assegurando que os dados são transmitidos de forma fiável e eficiente. Os exemplos incluem TCP/IP (Protocolo de Controlo de Transmissão/Protocolo de Internet), HTTP (Protocolo de Transferência de Hipertexto) e Ethernet.

2. **Topologias de rede**:

   - **Estrela**: Numa topologia em estrela, cada nó está ligado diretamente a um hub ou switch central. Esta configuração simplifica a gestão e a resolução de problemas, mas pode criar um ponto único de falha.

- **Barramento**: Numa topologia de barramento, todos os nós estão ligados a um meio de comunicação comum, como um cabo coaxial. Os dados são transmitidos ao longo do bus e cada nó recebe os dados, mas apenas processa a informação que lhe é destinada.
- **Anel**: Numa topologia em anel, os nós estão ligados num circuito fechado, com cada nó ligado a exatamente dois outros nós. Os dados percorrem o anel numa só direção até chegarem ao seu destino.
- **Malha**: Numa topologia em malha, cada nó está ligado a todos os outros nós da rede. Esta redundância proporciona robustez e tolerância a falhas, mas a sua implementação pode ser dispendiosa e complexa.

3. **Tipos de redes**:

- **LAN (Local Area Network)**: Uma LAN abrange normalmente uma pequena área geográfica, como um único edifício ou campus. É normalmente utilizada para ligar dispositivos numa organização ou em casa.
- **WAN (Wide Area Network)**: Uma WAN abrange uma grande área geográfica, ligando frequentemente várias LANs entre cidades, países ou continentes. A Internet é o exemplo mais conhecido de uma WAN.
- **MAN (Metropolitan Area Network)**: Uma MAN cobre uma área geográfica maior do que uma LAN mas mais pequena do que uma WAN, servindo normalmente uma cidade ou uma área metropolitana. As MAN são normalmente utilizadas por fornecedores de serviços para ligar os clientes à Internet.

4. **Métodos de transmissão de dados**:

- **Transmissão analógica**: A transmissão analógica envolve sinais continuamente variáveis que representam dados. Os exemplos incluem linhas telefónicas analógicas e ondas de rádio.
- **Transmissão digital**: A transmissão digital codifica os dados em dígitos binários discretos (0s e 1s) para transmissão. É mais imune ao ruído e à distorção, o que a torna adequada para comunicações a longa distância.

Compreender os fundamentos das redes de comunicação de dados é essencial para conceber, implementar e manter infra-estruturas de rede robustas e eficientes. À medida que as tecnologias evoluem e surgem novos desafios, uma sólida compreensão destes conceitos permitirá aos indivíduos e às organizações adaptarem-se e prosperarem num mundo cada vez mais interligado.

3. Tecnologias de rede tradicionais:

As tecnologias de ligação em rede tradicionais constituem a base das redes de comunicação de dados modernas. Embora continuem a surgir novas tecnologias, compreender estes métodos tradicionais é crucial para compreender a evolução das redes e os princípios sobre os quais os sistemas modernos são construídos. Aqui está uma análise aprofundada de algumas das principais tecnologias de rede tradicionais:

1. **Ethernet**:
   - **Descrição**: A Ethernet é uma tecnologia de rede amplamente utilizada para ligar dispositivos numa rede local (LAN). Funciona nas camadas física e de ligação de dados do modelo OSI e utiliza um protocolo denominado CSMA/CD (Carrier Sense Multiple Access with Collision Detection) para controlo do acesso aos meios.
   - **Variantes**: A Ethernet está disponível em várias velocidades, incluindo 10 Mbps (Ethernet), 100 Mbps (Fast Ethernet), 1 Gbps (Gigabit Ethernet), 10 Gbps (10 Gigabit Ethernet) e muito mais.
   - **Topologia**: As redes Ethernet utilizam normalmente uma topologia em estrela ou em barramento, embora sejam possíveis outras topologias.
2. **TCP/IP (Transmission Control Protocol/Internet Protocol)**:
   - **Descrição**: O TCP/IP é um conjunto de protocolos que regula a forma como os dados são transmitidos e recebidos na Internet. Fornece comunicação de ponta a ponta, especificando como os dados devem ser formatados, endereçados, transmitidos, encaminhados e recebidos.

- **Protocolos**: O TCP/IP inclui vários protocolos, como o TCP, o UDP (User Datagram Protocol), o IP (Internet Protocol), o ICMP (Internet Control Message Protocol) e o ARP (Address Resolution Protocol).
- **Camadas**: O TCP/IP é frequentemente representado como um modelo de quatro camadas que inclui a camada de aplicação, a camada de transporte, a camada de Internet e a camada de ligação.

3. **Tecnologias sem fios**:

- **Wi-Fi (IEEE 802.11)**:
    - **Descrição**: O Wi-Fi permite que os dispositivos se liguem a uma LAN sem fios utilizando ondas de rádio. Baseia-se na família de normas IEEE 802.11 e funciona em várias bandas de frequência, incluindo 2,4 GHz e 5 GHz.
    - **Segurança**: As redes Wi-Fi podem ser protegidas através de protocolos como o WPA2 (Wi-Fi Protected Access 2) ou o WPA3, que encriptam as transmissões de dados e autenticam os utilizadores.
- **Bluetooth**:
    - **Descrição**: O Bluetooth é uma tecnologia sem fios de curto alcance utilizada para ligar dispositivos a curtas distâncias. É normalmente utilizada para ligar periféricos como teclados, ratos, auscultadores e dispositivos IoT.
    - **Versões**: As normas Bluetooth evoluíram ao longo do tempo, com as versões mais recentes a oferecerem melhor velocidade, alcance e eficiência energética.

4. **Routing and Switching**:

- **Descrição**: As tecnologias de encaminhamento e comutação são essenciais para direcionar os pacotes de dados dentro de uma rede. Os routers e os switches são os principais dispositivos responsáveis pelo encaminhamento de pacotes com base nos seus endereços IP de destino (encaminhamento) ou endereços MAC (comutação).
- **Protocolos de encaminhamento**: Exemplos de protocolos de encaminhamento incluem RIP (Routing Information Protocol), OSPF (Open Shortest Path First) e BGP (Border Gateway Protocol).
- **Métodos de comutação**: Os switches usam vários métodos para encaminhar pacotes, incluindo armazenamento e encaminhamento, corte e comutação sem fragmentos.

Ao dominarem os princípios e o funcionamento destas tecnologias de rede tradicionais, os profissionais podem criar uma base sólida para a conceção, implementação e resolução de problemas de redes de comunicação de dados modernas. Embora as tecnologias mais recentes continuem a alargar os limites das redes, estes fundamentos continuam a ser essenciais para compreender os mecanismos subjacentes da comunicação no mundo interligado de hoje.

4. Tendências emergentes na comunicação de dados:

À medida que a tecnologia avança a um ritmo sem precedentes, novas tendências continuam a moldar o panorama das redes de comunicação de dados. Estas tendências emergentes representam abordagens inovadoras às redes que têm como objetivo responder às necessidades e desafios em evolução do nosso mundo cada vez mais ligado. Aqui está uma exploração detalhada de algumas das principais tendências emergentes na comunicação de dados:

1. **Redes definidas por software (SDN)**:

- **Descrição**: A SDN separa o plano de controlo do plano de dados nas arquitecturas de rede tradicionais, permitindo aos administradores de rede controlar programaticamente o comportamento da rede através de controladores baseados em software.
- **Benefícios**: A SDN permite o gerenciamento centralizado, a automação e o provisionamento dinâmico de recursos de rede, levando a uma maior agilidade, escalabilidade e eficiência.
- **Casos de uso**: A SDN encontra aplicações em centros de dados, redes de campus e redes de área ampla (WANs), bem como em ambientes virtualizados e de nuvem.

2. **Virtualização da função de rede (NFV)**:

- **Descrição**: O objetivo da NFV é virtualizar as funções de rede tradicionalmente implementadas em aparelhos de hardware dedicados, como routers, firewalls e equilibradores de carga, executando-as como software em servidores normais.

- **Benefícios**: A NFV reduz as dependências de hardware, aumenta a flexibilidade e acelera a implantação de serviços, aproveitando as tecnologias de virtualização.
- **Casos de uso**: A NFV é implantada em vários ambientes de rede, incluindo redes de provedores de serviços, redes corporativas e infraestruturas de nuvem.

3. **Computação de ponta e redes**:

- **Descrição**: A computação periférica aproxima os recursos computacionais da fonte de dados ou dos dispositivos terminais, reduzindo a latência e a utilização da largura de banda através do processamento local dos dados na periferia da rede.
- **Benefícios**: A computação periférica permite o processamento em tempo real, aplicações de baixa latência e otimização da largura de banda, tornando-a ideal para casos de utilização como a IoT, o streaming de vídeo e os veículos autónomos.
- **Tecnologias**: As arquitecturas de computação periférica podem incluir servidores periféricos, gateways periféricos, redes de distribuição de conteúdos (CDN) e plataformas de computação em nevoeiro.

4. **Conectividade da Internet das Coisas (IoT)**:

- **Descrição**: A IoT engloba uma vasta rede de dispositivos e sensores interligados que recolhem e trocam dados através da Internet, permitindo a monitorização, o controlo e a automatização inteligentes de ambientes físicos.
- **Desafios**: A conetividade IoT apresenta desafios relacionados com a escalabilidade, a interoperabilidade, a segurança e a gestão, o que

leva ao desenvolvimento de protocolos e normas especializados para as redes IoT.

- **Protocolos**: Os dispositivos IoT podem utilizar protocolos como o MQTT (Message Queuing Telemetry Transport), o CoAP (Constrained Application Protocol) e o LoRaWAN (Long Range Wide Area Network) para a comunicação.

5. **5G e mais além: Redes sem fios da próxima geração**:

- **Descrição**: As redes sem fios 5G prometem taxas de dados mais elevadas, menor latência e maior fiabilidade em comparação com as gerações anteriores, permitindo novas aplicações como a realidade aumentada, a realidade virtual e a cirurgia remota.

- **Tecnologias**: A 5G incorpora tecnologias como o espetro de ondas milimétricas, o MIMO (Multiple-Input Multiple-Output) maciço, a formação de feixes e a divisão da rede para proporcionar um melhor desempenho e eficiência.

- **Aplicações**: Prevê-se que o 5G revolucione sectores como os cuidados de saúde, os transportes, o fabrico e o entretenimento, permitindo casos de utilização e serviços inovadores.

6. **Blockchain e redes distribuídas**:

- **Descrição**: A tecnologia Blockchain fornece um livro-razão descentralizado e inviolável para registar transacções através de uma rede de nós, oferecendo transparência, imutabilidade e confiança sem depender de uma autoridade central.

- **Aplicações**: A cadeia de blocos é utilizada em várias aplicações, incluindo a moeda criptográfica, a gestão da cadeia de abastecimento, a verificação da identidade e os contratos inteligentes, com potenciais implicações para a comunicação de dados e a ligação em rede.

- **Desafios**: As redes de cadeias de blocos enfrentam desafios relacionados com a escalabilidade, o rendimento, o consumo de energia e a interoperabilidade, o que levou a esforços de investigação e desenvolvimento para resolver estas limitações.

7. **Redes Quânticas: O futuro da comunicação segura**:

- **Descrição**: As redes quânticas tiram partido dos princípios da mecânica quântica para permitir a comunicação segura através da distribuição de chaves quânticas (QKD) e do teletransporte quântico, oferecendo níveis inigualáveis de segurança e privacidade.

- **Tecnologias**: As tecnologias de ligação em rede quântica incluem a criptografia quântica, os repetidores quânticos e o emaranhamento quântico, que permitem a transmissão de informação quântica a longas distâncias.

- **Aplicações**: As redes quânticas são promissoras para aplicações como a comunicação segura, a Internet quântica, a computação quântica e a deteção e imagiologia quânticas melhoradas.

8. **Inteligência Artificial em Redes**:

- **Descrição**: As técnicas de inteligência artificial (IA) e de aprendizagem automática (ML) estão a ser cada vez mais aplicadas à gestão, otimização, segurança e automatização de redes, aumentando as capacidades humanas e melhorando o desempenho da rede.

- **Casos de utilização**: As soluções de rede baseadas em IA incluem deteção de anomalias, manutenção preditiva, otimização do tráfego de rede, operações de rede autónomas e redes baseadas na intenção (IBN).

- **Vantagens**: A IA permite uma gestão proactiva da rede, uma rápida resolução de problemas, medidas de segurança adaptáveis e uma atribuição inteligente de recursos, conduzindo a redes de comunicação de dados mais eficientes e resilientes.

Estas tendências emergentes representam a vanguarda da inovação na comunicação de dados, oferecendo oportunidades transformadoras para melhorar a conetividade, melhorar o desempenho e permitir novas aplicações e serviços. Ao adoptarem estas tendências e ao tirarem partido das tecnologias de ponta, as organizações podem manter-se na vanguarda e libertar todo o potencial das infra-estruturas de rede modernas.

5. Redes definidas por software (SDN)

A rede definida por software (SDN) é uma abordagem revolucionária à arquitetura de rede que separa o plano de controlo do plano de dados, permitindo o controlo centralizado e a programabilidade dos dispositivos de rede através de controladores baseados em software. As arquitecturas de rede tradicionais baseiam-se no controlo distribuído, em que cada dispositivo de rede (como routers e switches) toma decisões de encaminhamento de forma independente, com base em regras pré-configuradas.

Principais componentes da SDN:

1. **Controlador**: O componente central de uma arquitetura SDN, o controlador funciona como um cérebro de software que gere e orquestra o comportamento da rede. Ele fornece uma visão centralizada da topologia da rede e se comunica com os dispositivos de rede por meio de protocolos padronizados, como o OpenFlow.

2. **Plano de dados**: O plano de dados é constituído por dispositivos de rede, como comutadores e routers, que encaminham pacotes de dados com base em instruções recebidas do controlador. Estes dispositivos implementam políticas de encaminhamento ditadas pelo controlador, permitindo configurações de rede dinâmicas e flexíveis.

3. **Interface Sul**: A interface southbound refere-se ao protocolo de comunicação utilizado entre o controlador e os dispositivos de rede no plano de dados. O OpenFlow é um dos protocolos southbound mais utilizados, permitindo que o controlador programe regras de encaminhamento e recolha estatísticas de rede.

4. **Interface de Norte**: A interface de norte permite que aplicações e serviços externos interajam com o controlador SDN. Fornece um conjunto

de APIs (Interfaces de Programação de Aplicações) que permite aos programadores criar aplicações personalizadas para gestão, monitorização e automatização da rede.

Benefícios da SDN:

1. **Controlo centralizado**: A SDN fornece um plano de controlo centralizado, permitindo aos administradores de rede gerir e configurar toda a rede a partir de um único ponto de controlo. Isso simplifica as tarefas de gerenciamento de rede e reduz a complexidade das alterações de configuração.

2. **Programabilidade**: Ao separar a lógica de controlo do hardware subjacente, a SDN permite a programabilidade e a automatização do comportamento da rede. Os administradores podem definir políticas de rede e implementar roteamento dinâmico, priorização de tráfego e medidas de segurança por meio de políticas baseadas em software.

3. **Flexibilidade e escalabilidade**: As arquitecturas SDN são altamente flexíveis e escaláveis, permitindo que as redes se adaptem a padrões e requisitos de tráfego em constante mudança. Novos serviços e aplicações podem ser implementados rapidamente e os recursos de rede podem ser atribuídos dinamicamente com base na procura.

4. **Desempenho e eficiência aprimorados**: A SDN otimiza o desempenho da rede, permitindo engenharia de tráfego eficiente, balanceamento de carga e gerenciamento de congestionamento. Ao direcionar de forma inteligente os fluxos de tráfego, a SDN pode minimizar a latência, reduzir a perda de pacotes e otimizar a utilização da largura de banda.

5. **Segurança aprimorada**: A SDN permite um controlo granular do tráfego de rede, facilitando a aplicação de políticas de segurança e a deteção e mitigação de ameaças. Com visibilidade e controlo centralizados, os administradores podem implementar medidas de segurança como o

controlo de acesso, a encriptação e a deteção de ameaças de forma mais eficaz.

Aplicações de SDN:

1. **Rede de centros de dados**: A SDN é amplamente utilizada em ambientes de centro de dados para otimizar a utilização de recursos de rede, automatizar o aprovisionamento e suportar tecnologias de virtualização e computação em nuvem.
2. **Rede de área ampla (WAN)**: A SD-WAN (Software-Defined Wide Area Networking) aproveita os princípios da SDN para simplificar a conetividade das filiais, melhorar o desempenho das aplicações e reduzir os custos da WAN, seleccionando dinamicamente os caminhos de rede mais eficientes.
3. **Redes de provedores de serviços**: A SDN permite que os provedores de serviços forneçam serviços de rede inovadores, como fatiamento de rede, funções de rede virtualizadas (VNFs) e conetividade sob demanda, para atender às diversas necessidades de seus clientes.
4. **Redes de campus**: A SDN pode simplificar a gestão da rede do campus centralizando a aplicação de políticas, simplificando a segmentação da rede e melhorando a visibilidade e o controlo do tráfego da rede.

Globalmente, a SDN representa uma mudança de paradigma na arquitetura de rede, oferecendo níveis sem precedentes de agilidade, flexibilidade e controlo. Ao adotar os princípios da SDN, as organizações podem criar redes mais adaptáveis, escaláveis e eficientes que atendam às demandas do mundo dinâmico e interconectado de hoje.

6. Virtualização da função de rede (NFV)

A virtualização das funções de rede (NFV) é um conceito de arquitetura de rede que visa virtualizar e consolidar as funções de rede tradicionais em instâncias baseadas em software que podem ser executadas em hardware normalizado. A NFV permite a implementação e a gestão de serviços de rede sem a necessidade de dispositivos de hardware dedicados e proprietários.

Principais componentes da NFV:

1. **Funções de rede virtualizadas (VNFs)**:

    - Os VNFs são implementações de software de funções de rede tradicionais, como firewalls, routers, equilibradores de carga e aceleradores de WAN. Essas funções são desacopladas do hardware proprietário e executadas como instâncias virtuais em servidores padrão, armazenamento e infraestrutura de rede.

2. **Infraestrutura NFV (NFVI)**:

    - O NFVI fornece o ambiente de virtualização para alojar VNFs. Inclui recursos de computação (servidores), recursos de armazenamento (matrizes de armazenamento ou armazenamento virtualizado) e recursos de rede (comutadores, routers, comutadores virtuais) que suportam a implementação e o funcionamento de VNFs.

3. **Camada de virtualização**:

    - A camada de virtualização (também conhecida como hipervisor ou plataforma de virtualização) abstrai e gere os recursos de hardware subjacentes, permitindo que vários VNFs sejam executados em simultâneo na mesma infraestrutura física. Fornece isolamento, atribuição de recursos e capacidades de gestão para VNFs.

4. **Gestão e Orquestração (MANO)**:

   - O MANO é responsável pela gestão do ciclo de vida e orquestração de VNFs na infraestrutura NFV. Inclui componentes como os gestores de VNF (VNFM), os gestores de infra-estruturas virtualizadas (VIM) e os orquestradores, que automatizam tarefas como a instanciação, o dimensionamento, a migração e a desativação de VNF.

Benefícios da NFV:

1. **Redução de custos**:

   - A NFV reduz as despesas operacionais e de capital, eliminando a necessidade de dispositivos de hardware dedicados e simplificando as tarefas de gestão da rede. Ao tirar partido do hardware normalizado pronto a utilizar e da gestão centralizada, a NFV permite a implementação e o dimensionamento rentáveis dos serviços de rede.

2. **Agilidade e flexibilidade**:

   - A NFV aumenta a agilidade e a flexibilidade, permitindo a rápida implantação e o dimensionamento das funções de rede em resposta às mudanças na demanda. Os VNFs podem ser provisionados, migrados e desativados dinamicamente, permitindo que as organizações se adaptem aos requisitos comerciais em evolução de forma mais eficiente.

3. **Escalabilidade e otimização de recursos**:

   - A NFV melhora a utilização de recursos e a escalabilidade, permitindo que os VNFs partilhem e atribuam dinamicamente recursos de computação, armazenamento e rede com base na procura. Isso permite que as organizações otimizem o uso de recursos e dimensionem os serviços de rede conforme necessário, sem excesso de provisionamento.

4. **Inovação nos serviços**:

   - A NFV facilita a inovação dos serviços, acelerando a introdução de novos serviços e recursos de rede. Os fornecedores de serviços podem rapidamente implementar e iterar novas ofertas de serviços, experimentar diferentes configurações e fornecer serviços diferenciados aos clientes mais rapidamente.

5. **Resiliência e redundância da rede**:

   - A NFV melhora a resiliência e a redundância da rede, permitindo a instanciação e migração automáticas de VNFs em resposta a falhas ou à degradação do desempenho. Isto garante a disponibilidade contínua do serviço e minimiza o tempo de inatividade em caso de falhas de hardware ou software.

Aplicações da NFV:

1. **Equipamento virtual nas instalações do cliente (vCPE)**:

   - A NFV permite a virtualização do equipamento das instalações do cliente (CPE), como routers, firewalls e gateways VPN, permitindo aos fornecedores de serviços fornecer serviços de rede geridos a clientes empresariais de forma mais eficiente e económica.

2. **Virtualized Evolved Packet Core (vEPC)**:

   - A NFV é utilizada para virtualizar os componentes do núcleo de pacotes evoluído (EPC) nas redes móveis, permitindo aos operadores dimensionar e otimizar a sua infraestrutura de rede de base para suportar o aumento do tráfego de dados e os novos serviços móveis.

3. **Funções de rede virtual como um serviço (VNFaaS)**:

   - A NFV permite a entrega de funções de rede como um serviço (NFaaS), permitindo que as organizações consumam serviços de rede a pedido de fornecedores de serviços ou fornecedores de serviços em nuvem sem a necessidade de hardware dedicado.

4. **Fatiamento de rede**:

   - A NFV desempenha um papel fundamental no fatiamento da rede, uma tecnologia que permite a criação de várias fatias de rede virtualizadas em uma infraestrutura física compartilhada. Cada fatia de rede pode ser personalizada para satisfazer os requisitos específicos de diferentes aplicações ou grupos de utilizadores, como IoT, empresas ou serviços ao consumidor.

A NFV representa uma mudança fundamental na arquitetura de rede, permitindo que as organizações virtualizem e automatizem as funções de rede para obter maior agilidade, escalabilidade e eficiência de custos. Ao adotar os princípios e tecnologias da NFV, as organizações podem acelerar a inovação, simplificar as operações e fornecer serviços de rede inovadores para satisfazer as exigências em evolução da economia digital atual.

7. Computação de ponta e redes

A computação de ponta e as redes representam uma mudança de paradigma na forma como os dados são processados, armazenados e geridos nos sistemas em rede. Ao contrário das arquitecturas tradicionais de computação centralizada, em que os dados são processados em centros de dados remotos ou em ambientes de nuvem, a computação periférica aproxima os recursos computacionais da fonte de dados ou dos dispositivos de ponto final, muitas vezes na extremidade da rede. Essa proximidade com a fonte de dados permite um processamento mais rápido, latência reduzida e uso mais eficiente da largura de banda da rede. Aqui está uma análise aprofundada da computação periférica e das redes:

1. **Definição e conceito**:

   - A computação de ponta refere-se à prática de processar dados perto da fonte de geração, em vez de em centros de dados centralizados ou ambientes de nuvem. Implica a implementação de recursos computacionais (como servidores, armazenamento e equipamento de rede) mais perto do local onde os dados são gerados ou consumidos, normalmente na extremidade da rede.

   - O conceito de computação periférica visa resolver as limitações das arquitecturas tradicionais de computação centralizada, como a elevada latência, as restrições de largura de banda, as preocupações com a privacidade e a necessidade de processamento em tempo real.

2. **Características principais**:

   - **Proximidade da fonte de dados**: Os recursos de computação de ponta estão localizados perto de onde os dados são gerados ou consumidos, reduzindo a distância e a latência associadas à transmissão de dados para centros de dados remotos.

- **Processamento em tempo real**: A computação de ponta permite o processamento de dados em tempo real ou quase real, permitindo que as organizações analisem e actuem sobre os dados rapidamente, sem os atrasos inerentes ao processamento centralizado.
- **Arquitetura distribuída**: As arquitecturas de computação periférica são inerentemente distribuídas, com recursos computacionais implantados em vários locais, como filiais, fábricas, veículos ou dispositivos IoT.
- **Escalabilidade**: As plataformas de computação periférica são concebidas para escalar horizontalmente, permitindo que as organizações implementem nós ou recursos periféricos adicionais, conforme necessário, para satisfazer a procura em constante mudança.

3. **Tecnologias e componentes**:

- **Dispositivos de borda**: Estes são os pontos finais ou dispositivos onde os dados são gerados ou consumidos, tais como sensores IoT, smartphones, máquinas industriais e veículos autónomos.
- **Servidores de borda**: São dispositivos computacionais implantados na borda da rede para processar e analisar dados localmente. Os servidores de borda podem executar aplicações, realizar análises ou hospedar serviços para suportar cargas de trabalho de computação de borda.
- **Gateways de borda**: Estes dispositivos servem de intermediários entre os dispositivos de extremidade e a rede central ou a nuvem. Os gateways de borda agregam, pré-processam e filtram os dados

dos dispositivos de borda antes de transmiti-los aos sistemas centralizados para processamento posterior.

- **Centros de dados de borda**: São centros de dados de pequena escala ou microcentros de dados implantados na borda da rede para suportar cargas de trabalho de computação de borda. Os data centers de borda podem hospedar infraestrutura virtualizada, armazenamento e recursos de rede para dar suporte às necessidades locais de processamento e armazenamento.

4. **Casos de utilização e aplicações**:

- **IoT e redes de sensores**: A computação de borda é parte integrante das implantações de IoT, permitindo o processamento de dados em tempo real, a análise e a tomada de decisões na borda da rede. Os exemplos incluem cidades inteligentes, IoT industrial, monitorização de cuidados de saúde e monitorização de activos.
- **Fornecimento de conteúdos e streaming**: A computação periférica melhora o fornecimento de conteúdos multimédia e de serviços de difusão em fluxo contínuo (streaming), colocando os conteúdos em cache mais perto dos utilizadores finais, reduzindo a latência e melhorando a qualidade da experiência.
- **Veículos autónomos**: A computação periférica apoia os veículos autónomos, permitindo o processamento a bordo de dados de sensores para a tomada de decisões em tempo real, a navegação e a prevenção de colisões.
- **Retalho e envolvimento do cliente**: A computação periférica permite experiências personalizadas para o cliente, publicidade direccionada e gestão de inventário em tempo real em ambientes de retalho, analisando os dados do cliente no ponto de venda ou de interação.

5. **Desafios e considerações**:

- **Segurança e privacidade**: A computação periférica introduz novos desafios de segurança e privacidade, uma vez que os dados sensíveis podem ser processados e armazenados em dispositivos periféricos distribuídos. As organizações devem implementar medidas de segurança robustas para proteger a integridade, a confidencialidade e a disponibilidade dos dados.

- **Interoperabilidade e normas**: A diversidade de dispositivos, plataformas e protocolos de ponta pode levar a desafios de interoperabilidade. Estão em curso esforços de normalização para definir estruturas, interfaces e protocolos comuns para ambientes de computação periférica.

- **Gestão e orquestração**: A gestão e a orquestração de recursos distribuídos na periferia apresentam desafios operacionais, como a atribuição de recursos, a colocação de cargas de trabalho, a monitorização e a resolução de problemas. Plataformas e ferramentas de gerenciamento de borda estão surgindo para enfrentar esses desafios.

A computação e as redes periféricas representam uma abordagem transformadora ao processamento e gestão de dados, permitindo às organizações aproveitar o poder dos recursos de computação distribuídos e fornecer serviços e aplicações em tempo real e sensíveis ao contexto a utilizadores e dispositivos na periferia da rede. Ao adotar os princípios e as tecnologias da computação periférica, as organizações podem desbloquear novas oportunidades de inovação, eficiência e agilidade num mundo cada vez mais ligado e orientado para os dados.

8. Conectividade da Internet das Coisas (IoT)

A conetividade da Internet das Coisas (IoT) refere-se à infraestrutura de rede e aos protocolos que permitem a comunicação entre dispositivos IoT, sensores, actuadores e outros objectos ligados. A conetividade IoT desempenha um papel crucial na facilitação da troca de dados, monitorização remota e controlo dos dispositivos IoT, permitindo-lhes recolher, transmitir e receber dados através da Internet ou de outras redes de comunicação. Eis um olhar aprofundado sobre a conetividade IoT:

1. **Tipos de conetividade IoT**:

    - **Conectividade com fios**: Alguns dispositivos IoT estão ligados à Internet ou a redes locais através de ligações com fios, como Ethernet, comunicação powerline (PLC) ou barramentos industriais como Modbus ou Profibus. A conetividade com fios oferece fiabilidade e desempenho consistente, mas pode ser limitada em termos de flexibilidade e escalabilidade.

    - **Conectividade sem fios**: A conetividade sem fios é amplamente utilizada em implementações de IoT devido à sua flexibilidade, mobilidade e facilidade de implementação. As tecnologias sem fios comuns utilizadas para a conetividade IoT incluem Wi-Fi, Bluetooth, Zigbee, Z-Wave, LoRaWAN, telemóvel (2G, 3G, 4G e agora 5G) e comunicação por satélite. Cada tecnologia sem fios tem os seus próprios pontos fortes e limitações, como o alcance, o débito de dados, o consumo de energia e a área de cobertura.

2. **Protocolos para a conetividade IoT**:

    - **MQTT (Transporte de Telemetria de Enfileiramento de Mensagens)**: O MQTT é um protocolo de mensagens leve, de publicação e assinatura, concebido para aplicações IoT. Ele é otimizado para redes de baixa largura de banda e alta latência e suporta comunicação assíncrona entre dispositivos e aplicativos de IoT.

- **CoAP (Constrained Application Protocol)**: O CoAP é um protocolo RESTful leve, concebido para dispositivos e redes com recursos limitados. Permite uma comunicação simples e eficiente entre dispositivos IoT e facilita a integração com serviços baseados na Web.

- **HTTP (Hypertext Transfer Protocol)**: O HTTP é um protocolo padrão utilizado para a comunicação entre clientes e servidores da Web. Nas aplicações IoT, o HTTP é frequentemente utilizado para o intercâmbio de dados entre dispositivos IoT e plataformas ou APIs baseadas na nuvem.

- **AMQP (Protocolo avançado de enfileiramento de mensagens)**: O AMQP é um protocolo de mensagens que permite a comunicação fiável e assíncrona entre dispositivos IoT e sistemas backend. Suporta funcionalidades como o enfileiramento de mensagens, o encaminhamento e a garantia de entrega.

- **DDS (Serviço de Distribuição de Dados)**: O DDS é um protocolo de mensagens de publicação e assinatura projetado para comunicação em tempo real e de alto desempenho entre sistemas distribuídos. É normalmente utilizado na IoT industrial (IIoT) e em aplicações de missão crítica que requerem mensagens determinísticas e troca de dados de baixa latência.

3. **Plataformas de conetividade IoT**:

- **Plataformas de gestão da conetividade IoT (CMPs)**: As CMPs fornecem gestão centralizada e orquestração da conetividade IoT, incluindo provisionamento de dispositivos, configuração, monitorização e resolução de problemas. Incluem frequentemente funcionalidades como a gestão de SIM, o encaminhamento de dados, a faturação e a análise.

- **Middleware IoT**: as plataformas de middleware IoT fornecem serviços de comunicação e integração que facilitam a interoperabilidade entre dispositivos, protocolos e aplicações IoT. Podem incluir corretores de mensagens, adaptadores de protocolos, ferramentas de transformação de dados e mecanismos de segurança.
- **Plataformas de capacitação de aplicações IoT (AEPs)**: As AEPs fornecem ferramentas e serviços para criar, implementar e gerir aplicações IoT. Incluem frequentemente funcionalidades como a gestão de dispositivos, visualização de dados, análise e estruturas de desenvolvimento de aplicações.

4. **Desafios e considerações**:

- **Interoperabilidade**: A diversidade de dispositivos, protocolos e plataformas IoT pode levar a desafios de interoperabilidade, dificultando a integração e a gestão de ecossistemas IoT heterogéneos. Estão em curso esforços de normalização e quadros de interoperabilidade para responder a este desafio.
- **Escalabilidade**: As implementações da IoT envolvem frequentemente um grande número de dispositivos distribuídos por diversos ambientes, o que coloca desafios de escalabilidade em termos de gestão de dispositivos, processamento de dados e infra-estruturas de rede.
- **Segurança e privacidade**: Os dispositivos IoT são frequentemente vulneráveis a ameaças de segurança, como acesso não autorizado, violações de dados e adulteração de dispositivos. A implementação

de medidas de segurança robustas, como a encriptação, a autenticação e o controlo de acesso, é essencial para proteger as redes e os dados da IoT.

- **Fiabilidade e qualidade de serviço (QoS)**: As aplicações IoT podem exigir diferentes níveis de fiabilidade, latência e largura de banda, dependendo do caso de utilização e dos requisitos. Garantir uma conetividade fiável, uma comunicação de baixa latência e uma QoS adequada é fundamental para proporcionar uma experiência IoT perfeita.

A conetividade IoT é um aspeto fundamental das implementações IoT, permitindo uma comunicação e interação perfeitas entre dispositivos, sistemas e utilizadores ligados. Ao tirar partido das tecnologias, protocolos e plataformas de conetividade correctos, as organizações podem criar soluções IoT escaláveis, interoperáveis e seguras que impulsionam a inovação, a eficiência e o valor em vários sectores e aplicações.

9. 5G e mais além: Redes sem fios da próxima geração:

O 5G representa a quinta geração da tecnologia sem fios e promete proporcionar melhorias significativas em termos de velocidade, capacidade, latência, fiabilidade e conetividade em comparação com as gerações anteriores. No entanto, à medida que olhamos para além do 5G, o futuro das redes sem fios apresenta possibilidades ainda mais transformadoras. Aqui está uma exploração detalhada das redes sem fio de próxima geração:

1. **Visão geral do 5G**:

- **Velocidade**: O 5G oferece velocidades de dados significativamente mais rápidas em comparação com o 4G LTE, com taxas de dados de pico que atingem velocidades de vários gigabits por segundo (Gbps).
- **Baixa latência**: O 5G reduz a latência para milissegundos, permitindo aplicações em tempo real, como a realidade aumentada (AR), a realidade virtual (VR) e os veículos autónomos.
- **Alta capacidade**: as redes 5G têm maior capacidade e podem suportar um grande número de dispositivos conectados simultaneamente, tornando-as ideais para implantações de IoT e cidades inteligentes.
- **Conectividade melhorada**: O 5G proporciona uma melhor cobertura e conetividade tanto em zonas urbanas como rurais, alargando o acesso à banda larga sem fios a regiões mal servidas.

2. **Tecnologias-chave que impulsionam as redes sem fios da próxima geração**:

- **Onda milimétrica (mmWave)**: as frequências mmWave oferecem uma enorme largura de banda e capacidade, permitindo velocidades de dados ultra-rápidas e ligações de alta densidade em zonas urbanas. No entanto, os sinais mmWave têm um alcance limitado e são susceptíveis à atenuação do sinal, o que exige implantações densas de pequenas células.
- **MIMO maciço (Multiple-Input Multiple-Output)**: A tecnologia MIMO maciça utiliza um grande número de antenas para aumentar a eficiência espetral, melhorar a cobertura e aumentar a capacidade da rede. Permite técnicas de formação de feixes e multiplexagem espacial para otimizar a transmissão e receção de sinais.
- **Fatiamento de rede**: O fatiamento da rede permite que os operadores dividam uma única infraestrutura de rede física em várias redes virtuais (fatias) com características únicas, como diferentes requisitos de qualidade de serviço (QoS), latência e largura de banda. Permite a personalização e o isolamento dos recursos de rede para aplicações ou inquilinos específicos.
- **Computação de ponta**: A computação periférica aproxima os recursos computacionais dos utilizadores finais e dos dispositivos, reduzindo a latência e permitindo o processamento de dados em tempo real na periferia da rede. Complementa o 5G ao suportar computação distribuída, caching de conteúdos e aplicações de baixa latência.
- **IA e aprendizagem automática**: As tecnologias de IA e de aprendizagem automática estão a ser cada vez mais integradas nas redes sem fios para otimizar o desempenho da rede, automatizar as

tarefas de gestão da rede e melhorar a experiência do utilizador. Os algoritmos orientados para a IA podem prever o congestionamento da rede, otimizar a atribuição de recursos e detetar anomalias em tempo real.

- **Comunicação por satélite**: As redes de satélites da próxima geração, como as constelações de órbita terrestre baixa (LEO), prometem fornecer conetividade de banda larga omnipresente em todo o mundo, especialmente em áreas remotas e mal servidas. Estas redes de satélites utilizam tecnologias avançadas para fornecer acesso à Internet de alta velocidade e de baixa latência aos utilizadores em terra.

3. **Casos de utilização e aplicações**:

- **Indústria 4.0 e fabrico inteligente**: As redes sem fios de próxima geração permitem a implantação de fábricas inteligentes e aplicações industriais IoT (IIoT), como a manutenção preditiva, a monitorização remota e a robótica autónoma.

- **Tecnologias imersivas**: As aplicações de AR, VR e realidade mista (MR) beneficiam das capacidades de alta velocidade e baixa latência das redes sem fios da próxima geração, permitindo experiências imersivas para jogos, entretenimento, educação e formação.

- **Veículos conectados e transporte inteligente**: As redes sem fios da próxima geração suportam tecnologias de veículos conectados, como a comunicação veículo-para-tudo (V2X), a condução autónoma e os sistemas de gestão do tráfego, melhorando a segurança rodoviária e a eficiência do tráfego.

- **Telemedicina e cuidados de saúde à distância**: As redes sem fios da próxima geração facilitam a monitorização remota dos doentes, as consultas de telemedicina e os serviços de cuidados de saúde virtuais, permitindo o acesso a serviços de cuidados de saúde em qualquer lugar e em qualquer altura.

4. **Desafios e considerações**:

- **Implantação de infraestrutura**: A implantação de redes sem fio de última geração exige um investimento significativo em infraestrutura, incluindo pequenas células, redes de fibra ótica e estações rádio-base. Desafios regulatórios e de zoneamento também podem atrasar a implantação de redes.

- **Disponibilidade do espetro**: Garantir a disponibilidade de espetro adequado é essencial para apoiar as redes sem fios de alta velocidade e elevada capacidade. As políticas de atribuição de espetro e os leilões de espetro desempenham um papel crucial na satisfação da procura crescente de serviços de banda larga sem fios.

- **Segurança e privacidade**: As redes sem fios da próxima geração suscitam preocupações quanto a vulnerabilidades de segurança, riscos de privacidade e proteção de dados. A implementação de medidas de segurança robustas, protocolos de encriptação e tecnologias de reforço da privacidade é essencial para salvaguardar os dados e a privacidade dos utilizadores.

- **Interoperabilidade e normas**: Garantir a interoperabilidade e a compatibilidade entre diferentes tecnologias e dispositivos sem fios é fundamental para uma conetividade e uma experiência de utilizador sem falhas. Os organismos de normalização, como o 3rd Generation Partnership Project (3GPP) e o Institute of Electrical and Electronics Engineers (IEEE), desempenham um papel fundamental no desenvolvimento de normas globais para as comunicações sem fios.

Em resumo, as redes sem fios da próxima geração prometem criar oportunidades transformadoras em vários sectores e aplicações, permitindo experiências digitais mais rápidas, mais fiáveis e mais interligadas. Tirando partido de tecnologias avançadas e de casos de utilização inovadores, as redes sem fios da próxima geração desempenharão um papel fundamental na definição do futuro da conetividade e na promoção do crescimento económico, da inovação e do desenvolvimento social.

10. 5G e mais além: Redes sem fios da próxima geração:

À medida que fazemos a transição para a era do 5G, a evolução das redes sem fios continua a acelerar, abrindo caminho para um futuro caracterizado por uma velocidade, fiabilidade e conetividade sem precedentes. Para além do 5G, a próxima geração de redes sem fios tem o potencial de revolucionar as indústrias, permitir novas aplicações e transformar a forma como vivemos, trabalhamos e comunicamos. Eis um olhar mais atento aos principais avanços e possibilidades das redes sem fios de próxima geração:

1. **Evolução e melhorias do 5G**:

- **Comunicação ultra-fiável de baixa latência (URLLC)**: Para além de aumentar a velocidade dos dados, as redes 5G pretendem fornecer uma comunicação ultra-fiável de baixa latência, permitindo aplicações em tempo real, como veículos autónomos, cirurgia remota e automação industrial.

- **Comunicação massiva do tipo máquina (mMTC)**: as redes 5G suportarão a comunicação massiva do tipo máquina, permitindo a ligação de um vasto número de dispositivos e sensores IoT, facilitando as cidades inteligentes, as redes inteligentes e a monitorização ambiental.

- **Fatiamento de rede**: O 5G introduz o fatiamento da rede, permitindo a criação de instâncias de rede virtualizadas e isoladas, adaptadas a casos de uso ou setores específicos. Isso permite otimizar o desempenho da rede, a segurança e a alocação de recursos com base nos requisitos do aplicativo.

2. **6G e mais além**:

- **Comunicação Terahertz (THz)**: Prevê-se que a 6G explore a utilização de frequências terahertz para a comunicação sem fios, oferecendo taxas de dados e capacidade ainda mais elevadas do que a 5G. A comunicação THz poderá permitir novas aplicações em realidade aumentada, comunicação holográfica e transmissão de vídeo de ultra-alta definição.

- **Comunicação quântica**: Para além da 6G, as tecnologias de comunicação quântica podem ser integradas em redes sem fios, oferecendo segurança e privacidade sem paralelo através da distribuição de chaves quânticas (QKD) e da encriptação quântica. As redes quânticas poderão revolucionar a comunicação segura para aplicações sensíveis como as finanças, a defesa e os cuidados de saúde.

- **Redes orientadas para a IA**: A IA e a aprendizagem automática desempenharão um papel central nas redes sem fios da próxima geração, permitindo a gestão autónoma da rede, a otimização e a tomada de decisões. As redes baseadas em IA adaptar-se-ão dinamicamente às condições em mudança, preverão anomalias na rede e optimizarão a utilização de recursos em tempo real.

3. **Constelações de satélites**:

- **Satélites de órbita terrestre baixa (LEO)**: As constelações de satélites da próxima geração, como a Starlink da SpaceX e o Projeto Kuiper da Amazon, têm como objetivo fornecer cobertura global de banda larga com conetividade de baixa latência e alta velocidade. Os satélites LEO alargarão o acesso à Internet a zonas remotas e mal servidas, colmatando o fosso digital e permitindo uma conetividade omnipresente.

- **Internet a partir do espaço**: Os serviços Internet baseados em satélites complementarão as redes terrestres, fornecendo conetividade de reserva, recuperação de desastres e itinerância sem descontinuidades em regiões remotas ou rurais onde a infraestrutura terrestre é limitada ou não está disponível.

4. **Casos de utilização e aplicações**:

- **Infra-estruturas inteligentes**: As redes sem fios da próxima geração irão alimentar iniciativas de infra-estruturas inteligentes, incluindo cidades inteligentes, edifícios inteligentes e sistemas de transporte inteligentes. Sensores, actuadores e dispositivos IoT ligados permitirão a monitorização, otimização e automatização em tempo real de activos de infra-estruturas críticas.

- **Experiências imersivas**: A banda larga móvel melhorada e as comunicações de baixa latência permitirão experiências imersivas, como a realidade aumentada (RA), a realidade virtual (RV) e a comunicação holográfica. As redes da próxima geração fornecerão conteúdos multimédia de ultra-alta definição e aplicações interactivas com uma capacidade de resposta sem descontinuidades.

- **Sistemas autónomos**: Veículos autónomos, drones e robôs beneficiarão de redes sem fios da próxima geração com comunicação ultra-fiável e conetividade de baixa latência. Esses sistemas dependerão da troca de dados em tempo real, do posicionamento preciso e da tomada de decisões coordenadas para operar com segurança e eficiência.

- **Cuidados de saúde à distância**: As redes da próxima geração suportarão aplicações de telemedicina, monitorização remota e saúde digital, permitindo aos doentes aceder a serviços de saúde a partir de qualquer lugar. As consultas à distância, os diagnósticos médicos e a monitorização dos doentes tornar-se-ão mais acessíveis e convenientes, melhorando os resultados dos cuidados de saúde e reduzindo os custos dos mesmos.

5. **Desafios e considerações**:

- **Disponibilidade do espetro**: Garantir a atribuição e gestão adequadas do espetro é essencial para que as redes sem fios da próxima geração satisfaçam a procura crescente de largura de banda e capacidade. A partilha do espetro, o acesso dinâmico ao espetro e os esforços de harmonização do espetro serão fundamentais para otimizar a utilização do espetro e suportar diversos casos de utilização.

- **Implantação de infraestrutura**: A implantação de redes sem fio de próxima geração exige investimentos significativos em infraestrutura, incluindo pequenas células, backhaul de fibra ótica e atualizações de estações rádio-base. É necessária a colaboração entre as partes interessadas da indústria, os governos e os reguladores para acelerar a implantação da rede e garantir o acesso universal.

- **Segurança e privacidade**: As redes sem fios da próxima geração suscitam preocupações em matéria de cibersegurança, privacidade e proteção de dados. A resolução de vulnerabilidades na infraestrutura de rede, a implementação de protocolos de encriptação e a aplicação de regulamentos de privacidade são essenciais para salvaguardar os dados dos utilizadores e proteger as comunicações em rede.

- **Interoperabilidade e normas**: Os esforços de normalização são essenciais para garantir a interoperabilidade e a compatibilidade entre diferentes tecnologias, dispositivos e redes sem fios. A colaboração da indústria e a adesão a normas globais facilitarão a conetividade, a itinerância e a integração de diversos sistemas sem fios.

Em conclusão, as redes sem fios de próxima geração são imensamente promissoras para revolucionar a conetividade, potenciar a inovação e moldar o futuro da transformação digital. Ao abraçar os avanços na tecnologia sem fios, ao aproveitar o poder da IA e da automação e ao promover a colaboração entre sectores industriais, podemos desbloquear todo o potencial das redes sem fios de próxima geração para criar um mundo mais inteligente e mais conectado.

11. Cadeia de blocos e redes distribuídas

Blockchain e redes distribuídas representam abordagens inovadoras para a gestão e comunicação de dados que oferecem descentralização, transparência e confiança sem a necessidade de uma autoridade central. Aqui está uma análise aprofundada da tecnologia blockchain e suas aplicações em redes distribuídas:

1. **Tecnologia Blockchain**:

- **Definição**: Blockchain é uma tecnologia de livro-razão distribuído que permite o registo seguro, transparente e inviolável de transacções através de uma rede de computadores (nós). Cada transação está criptograficamente ligada a transacções anteriores, formando uma cadeia imutável de blocos.
- **Descentralização**: A Blockchain funciona como uma rede descentralizada, onde as transacções são verificadas e registadas por vários nós de forma peer-to-peer. Não existe uma autoridade central ou um intermediário que controle a rede, garantindo a resiliência contra pontos únicos de falha ou manipulação.
- **Mecanismos de consenso**: As redes Blockchain utilizam mecanismos de consenso para obter um acordo entre os participantes da rede sobre a validade das transacções. Os mecanismos de consenso comuns incluem Proof of Work (PoW), Proof of Stake (PoS) e Delegated Proof of Stake (DPoS), cada um com as suas próprias compensações em termos de segurança, escalabilidade e eficiência energética.
- **Contratos inteligentes**: Os contratos inteligentes são acordos auto-executáveis codificados em redes blockchain, automatizando a execução de acções predefinidas quando determinadas condições

são cumpridas. Os contratos inteligentes permitem transacções programáveis e facilitam a criação de aplicações descentralizadas (dApps) para vários casos de utilização.

- **Segurança e imutabilidade**: Os algoritmos criptográficos da Blockchain garantem a integridade e a imutabilidade dos dados armazenados no registo. Uma vez registadas, as transacções não podem ser alteradas ou eliminadas sem o consenso dos participantes na rede, o que torna a cadeia de blocos altamente segura e resistente à manipulação.

2. **Aplicações de Blockchain em redes distribuídas**:

- **Criptomoedas e activos digitais**: A tecnologia Blockchain está na base de criptomoedas como a Bitcoin e a Ethereum, permitindo transacções peer-to-peer seguras e a gestão de activos digitais sem a necessidade de intermediários como bancos ou instituições financeiras.

- **Gestão da cadeia de abastecimento**: A Blockchain permite cadeias de abastecimento transparentes e rastreáveis, registando o movimento de mercadorias e verificando a autenticidade dos produtos em cada fase da cadeia de abastecimento. Isto aumenta a transparência, reduz a fraude e melhora a eficiência da cadeia de abastecimento.

- **Gestão de Identidade**: Os sistemas de gestão de identidade baseados em blockchain oferecem aos indivíduos controlo sobre os seus dados pessoais e identidades digitais, permitindo processos de autenticação, autorização e verificação seguros e que preservam a privacidade, sem depender de fornecedores de identidade centralizados.

- **Finanças descentralizadas (DeFi)**: As plataformas DeFi aproveitam a tecnologia blockchain para permitir empréstimos descentralizados, empréstimos, comércio e serviços financeiros, contornando os intermediários tradicionais e proporcionando maior inclusão financeira, liquidez e acessibilidade aos utilizadores em todo o mundo.
- **Tokenização de activos**: A Blockchain permite a tokenização de activos do mundo real, como imóveis, arte e mercadorias, representando-os como tokens digitais numa blockchain. A tokenização desbloqueia a liquidez, a propriedade fraccionada e aumenta a eficiência do mercado para activos tradicionalmente ilíquidos.
- **Organizações Autónomas Descentralizadas (DAOs)**: As DAOs são organizações regidas por contratos inteligentes e operadas em redes blockchain, permitindo a tomada de decisões descentralizada, a governação e a atribuição de recursos sem autoridade central ou estruturas hierárquicas.

3. **Desafios e considerações**:

- **Escalabilidade**: As redes de cadeias de blocos enfrentam desafios de escalabilidade em termos de taxa de transferência de transacções, latência e congestionamento da rede, especialmente em cadeias de blocos públicas como a Bitcoin e a Ethereum. Soluções de escalabilidade como sharding, escalonamento de camada 2 e mecanismos de consenso alternativos estão a ser explorados para resolver estas limitações.
- **Interoperabilidade**: Garantir a interoperabilidade e a compatibilidade entre diferentes redes e protocolos de cadeias de blocos é essencial para permitir a comunicação e o intercâmbio de

dados sem descontinuidades em diversos ecossistemas de cadeias de blocos. Estão a surgir normas e protocolos de interoperabilidade para facilitar a interoperabilidade entre cadeias e a transferência de activos.

- **Conformidade regulamentar**: A incerteza regulamentar e os requisitos de conformidade variam consoante as jurisdições, o que coloca desafios à adoção e implementação de cadeias de blocos, especialmente em sectores regulamentados como as finanças, os cuidados de saúde e a cadeia de abastecimento. São necessários esforços de colaboração entre as partes interessadas da indústria e os reguladores para estabelecer quadros e directrizes regulamentares claros.
- **Segurança e privacidade**: Embora o blockchain ofereça recursos de segurança inerentes, incluindo criptografia criptográfica e consenso descentralizado, ele não é imune a vulnerabilidades de segurança, como bugs de contratos inteligentes, ataques de 51% e roubo de chaves privadas. A implementação de medidas de segurança robustas, a auditoria de contratos inteligentes e a garantia da privacidade do utilizador são essenciais para mitigar os riscos de segurança.

Em resumo, as tecnologias de blockchain e de redes distribuídas oferecem soluções inovadoras para a gestão descentralizada de dados, transacções sem confiança e comunicação peer-to-peer. Ao aproveitar os recursos e aplicativos exclusivos da tecnologia blockchain, as organizações podem desbloquear novas oportunidades de transparência, eficiência e autonomia em vários setores e casos de uso. No entanto, a resolução dos desafios de escalabilidade, interoperabilidade, regulamentação e segurança é fundamental para a concretização de todo o potencial da cadeia de blocos e das redes distribuídas na economia digital.

12. Redes quânticas: O futuro da comunicação segura

As redes quânticas representam uma abordagem revolucionária à comunicação que aproveita os princípios da mecânica quântica para atingir níveis sem precedentes de segurança e processamento de informação. Ao tirar partido das propriedades únicas da física quântica, como a sobreposição, o emaranhamento e a incerteza quântica, as redes quânticas permitem o desenvolvimento de protocolos de comunicação ultra-seguros e de tecnologias quânticas. Eis uma exploração aprofundada das redes quânticas e do seu potencial como o futuro da comunicação segura:

1. **Princípios quânticos**:

- **Superposição**: Na mecânica quântica, as partículas podem existir em múltiplos estados em simultâneo, o que se designa por sobreposição. Esta propriedade permite que os bits quânticos (qubits) representem múltiplos valores em simultâneo, possibilitando a computação paralela e o processamento de informação.

- **Emaranhamento**: O emaranhamento é um fenómeno em que os estados quânticos de duas ou mais partículas se tornam correlacionados, independentemente da distância entre elas. Alterações no estado de uma partícula afectam instantaneamente o estado da sua parceira emaranhada, mesmo que estejam separadas por grandes distâncias. O emaranhamento permite a comunicação segura e o teletransporte quântico.

- **Incerteza quântica**: A mecânica quântica introduz uma incerteza inerente à medição dos sistemas quânticos. Esta incerteza garante a segurança dos protocolos de comunicação quântica, uma vez que qualquer tentativa de espionagem ou interceção de informação quântica perturbaria o estado quântico e seria detetável.

2. **Tecnologias de redes quânticas**:

- **Distribuição de chaves quânticas (QKD)**: O QKD é um protocolo criptográfico quântico que permite a troca segura de chaves de encriptação entre as partes, utilizando propriedades quânticas como o emaranhamento e a incerteza quântica. O QKD garante uma segurança incondicional, detectando quaisquer tentativas de interceção ou adulteração das chaves quânticas.

- **Teletransporte quântico**: O teletransporte quântico é um protocolo que permite a transferência de informação quântica de um local para outro, sem transmitir fisicamente a informação através do espaço interveniente. O teletransporte quântico baseia-se no emaranhamento para transmitir estados quânticos instantaneamente através de longas distâncias.

- **Repetidores quânticos**: Os repetidores quânticos são dispositivos que alargam o alcance da comunicação quântica através da amplificação e retransmissão de sinais quânticos a longas distâncias. Os repetidores quânticos atenuam a perda de informação quântica devido à atenuação nas fibras ópticas e permitem a criação de redes quânticas que abrangem grandes áreas geográficas.

- **Internet quântica**: Uma Internet quântica é uma infraestrutura de rede que suporta o intercâmbio de informações quânticas entre nós ligados através de ligações de comunicação quânticas. Uma Internet quântica permite a comunicação quântica segura, a computação quântica distribuída e aplicações de processamento de informação quântica melhorada.

3. **Aplicações das redes quânticas**:

- **Comunicação segura**: As redes quânticas fornecem encriptação inquebrável através da distribuição de chaves quânticas, garantindo a confidencialidade e a integridade das informações sensíveis trocadas entre as partes. A comunicação quântica é imune a ataques criptográficos clássicos, oferecendo uma segurança sem paralelo para transacções financeiras, comunicações governamentais e infra-estruturas críticas.

- **Computação quântica**: A rede quântica permite a computação quântica distribuída, em que vários computadores quânticos interligados através de uma rede quântica colaboram para resolver problemas computacionais complexos que são intratáveis para os computadores clássicos. A computação quântica distribuída tem aplicações em criptografia, otimização, ciência dos materiais e descoberta de medicamentos.

- **Sensores quânticos e metrologia**: A ligação em rede quântica facilita a implantação de sensores quânticos e de sistemas de metrologia para medições de precisão de grandezas físicas como o tempo, a distância e os campos magnéticos. Os sensores quânticos oferecem uma sensibilidade e uma precisão sem paralelo, permitindo avanços na navegação, geolocalização e monitorização ambiental.

- **Imagiologia quântica melhorada**: A ligação em rede quântica permite o desenvolvimento de técnicas de imagiologia quântica melhorada, como a lidar quântica e a microscopia quântica melhorada, que proporcionam capacidades de imagiologia e deteção de alta resolução para além dos limites das técnicas clássicas. A imagiologia quântica tem aplicações em diagnósticos médicos, deteção remota e caraterização de materiais.

4. **Desafios e considerações**:

- **Complexidade tecnológica**: As tecnologias de ligação em rede quântica requerem componentes de hardware avançados, como processadores quânticos, memórias quânticas e detectores de fotões, cujo desenvolvimento e escalonamento constituem um desafio. Ultrapassar os obstáculos técnicos e as limitações de fabrico é essencial para a adoção generalizada das redes quânticas.

- **Distância e perda**: Os sinais quânticos são susceptíveis de perda e decoerência quando transmitidos a longas distâncias ou através de fibras ópticas. O desenvolvimento de repetidores quânticos eficientes e de técnicas de correção de erros quânticos é crucial para alargar o alcance e a fiabilidade da comunicação quântica.

- **Normalização e interoperabilidade**: O estabelecimento de normas e protocolos para as redes quânticas é essencial para a interoperabilidade e compatibilidade entre diferentes sistemas e redes quânticas. São necessários esforços de colaboração entre as partes interessadas da indústria, as instituições de investigação e os organismos de normalização para enfrentar os desafios da interoperabilidade e assegurar a integração sem descontinuidades das tecnologias quânticas.

- **Garantia de segurança**: Embora a comunicação quântica ofereça garantias de segurança sem paralelo com base nas leis da física quântica, a implementação de redes quânticas seguras e fiáveis exige protocolos de segurança rigorosos, mecanismos de autenticação e estratégias de atenuação de ameaças. Garantir a resiliência das redes quânticas contra a pirataria quântica e as ciberameaças é fundamental para manter a confiança nos sistemas de comunicação quânticos.

Em conclusão, as redes quânticas são imensamente promissoras como o futuro da comunicação segura, oferecendo segurança, privacidade e fiabilidade sem paralelo para o intercâmbio de informações sensíveis e a transmissão de dados. Ao aproveitar os princípios da mecânica quântica e ao fazer avançar as tecnologias de redes quânticas, podemos desbloquear oportunidades transformadoras para a comunicação segura, a computação distribuída e as aplicações quânticas em diversos domínios. No entanto, é essencial enfrentar os desafios técnicos, operacionais e de segurança para realizar todo o potencial das redes quânticas e estabelecê-las como uma pedra angular da futura infraestrutura digital.

13. Inteligência Artificial em Redes

A Inteligência Artificial (IA) está a revolucionar as redes, permitindo a automatização, otimização e tomada de decisões inteligentes em várias operações de rede e tarefas de gestão. Aqui está uma visão geral abrangente do papel da IA nas redes:

1. **Gestão de redes com base em IA**:

- **Configuração de rede automatizada**: Os algoritmos de IA podem analisar as configurações de rede, os padrões de tráfego e os dados de desempenho para otimizar automaticamente as definições e configurações de rede para melhorar a eficiência e o desempenho.
- **Manutenção preditiva**: A análise preditiva orientada por IA pode identificar potenciais problemas e falhas de rede antes que ocorram, permitindo uma manutenção proactiva e reduzindo o tempo de inatividade.
- **Atribuição dinâmica de recursos**: Os algoritmos de atribuição de recursos baseados em IA podem atribuir dinamicamente recursos de rede com base na procura, nos padrões de tráfego e nos requisitos das aplicações para otimizar a utilização dos recursos e garantir a qualidade do serviço (QoS).
- **Deteção de Anomalias e Segurança**: As técnicas de deteção de anomalias baseadas em IA podem identificar comportamentos anormais da rede e potenciais ameaças à segurança em tempo real, permitindo uma resposta rápida e a mitigação de ameaças.

2. **Otimização de redes com base em IA**:

   - **Engenharia de tráfego**: Os algoritmos de IA podem otimizar o encaminhamento do tráfego e o equilíbrio da carga em tempo real para minimizar o congestionamento, reduzir a latência e melhorar o desempenho geral da rede.
   - **Otimização da qualidade do serviço (QoS)**: As técnicas de otimização de QoS orientadas por IA podem dar prioridade ao tráfego de rede com base nos requisitos da aplicação, nas preferências do utilizador e nos acordos de nível de serviço (SLAs) para garantir um desempenho consistente e a experiência do utilizador.
   - **Gestão da largura de banda**: Os algoritmos de gestão de largura de banda baseados em IA podem atribuir e ajustar dinamicamente as atribuições de largura de banda com base na alteração das condições da rede e dos padrões de tráfego para otimizar a utilização da largura de banda e evitar congestionamentos.
   - **Eficiência energética**: As técnicas de gestão de energia baseadas em IA podem otimizar o consumo de energia dos dispositivos e infra-estruturas de rede, reduzindo os custos operacionais e o impacto ambiental.

3. **Segurança de rede melhorada por IA**:

   - **Deteção e resposta a ameaças**: A análise de segurança com tecnologia de IA pode detetar e analisar ameaças à segurança da rede, como malware, intrusões e comportamentos anómalos, permitindo uma resposta rápida a incidentes e a mitigação de ameaças.

- **Análise do comportamento do utilizador**: Os algoritmos de IA podem analisar o comportamento do utilizador e a atividade da rede para identificar actividades suspeitas ou não autorizadas, ajudando a evitar ameaças internas e acesso não autorizado.
- **Segurança adaptável**: As medidas de segurança adaptativas baseadas em IA podem ajustar dinamicamente as políticas e os controlos de segurança com base na evolução dos cenários de ameaças e das condições da rede para garantir uma proteção contínua contra ameaças emergentes.

4. **Inteligência de rede baseada em IA**:

- **Análise de rede**: As plataformas de análise de rede baseadas em IA podem analisar grandes quantidades de dados de rede para extrair informações, tendências e padrões, ajudando os operadores de rede a tomar decisões baseadas em dados e a otimizar o desempenho da rede.
- **Análise preditiva**: A análise preditiva alimentada por IA pode prever o comportamento futuro da rede, as tendências de desempenho e os requisitos de capacidade, permitindo o planeamento proactivo e a atribuição de recursos.
- **Redes cognitivas**: As redes cognitivas combinam técnicas de IA, aprendizagem automática e processamento de linguagem natural (PNL) para criar redes adaptativas e de auto-aprendizagem capazes de configurar, otimizar e resolver problemas de forma autónoma nas operações de rede.

5. **Desafios e considerações**:

- **Qualidade e disponibilidade dos dados**: Os algoritmos de IA requerem acesso a grandes volumes de dados de alta qualidade para treinar modelos de forma eficaz. Garantir a exatidão, a integridade e a disponibilidade dos dados é essencial para o sucesso das iniciativas de rede orientadas para a IA.

- **Preconceito e equidade algorítmica**: Os algoritmos de IA podem apresentar enviesamento e discriminação se forem treinados com dados enviesados ou concebidos com enviesamentos implícitos. Abordar o enviesamento algorítmico e garantir a justiça e a equidade nas decisões baseadas em IA é fundamental para uma implementação ética e responsável da IA.
- **Interoperabilidade e integração**: A integração de soluções de rede alimentadas por IA com a infraestrutura de rede, os sistemas de gerenciamento e os fluxos de trabalho existentes pode apresentar desafios de interoperabilidade. Garantir a integração e a compatibilidade perfeitas é essencial para a implantação e adoção bem-sucedidas da IA em redes.
- **Segurança e privacidade**: As soluções de rede baseadas em IA levantam preocupações sobre a segurança, a privacidade e a confidencialidade dos dados. Proteger os dados de rede sensíveis, garantir a conformidade com os regulamentos de privacidade e implementar medidas de segurança robustas são essenciais para a proteção contra potenciais riscos e vulnerabilidades.

Em resumo, a IA está a transformar as redes ao permitir a automatização, otimização e segurança inteligentes em várias operações de rede e tarefas de gestão. Ao aproveitar o poder da IA, as organizações podem melhorar o desempenho, a fiabilidade e a segurança da rede, reduzindo simultaneamente os custos operacionais e a complexidade. No entanto, é essencial enfrentar desafios como a qualidade dos dados, o enviesamento algorítmico, a interoperabilidade e a segurança para concretizar todo o potencial da IA nas redes e garantir a sua implementação ética e responsável.

14. Desafios e soluções de segurança de rede

A segurança da rede é fundamental para proteger os dados, sistemas e infra-estruturas das organizações contra uma miríade de ameaças que vão desde o acesso não autorizado a violações de dados e ciberataques. Aqui está uma exploração aprofundada dos desafios e soluções de segurança de rede:

1. **Desafios**:

- **Ciberameaças sofisticadas**: As ciberameaças estão a tornar-se cada vez mais sofisticadas, com os atacantes a empregarem técnicas avançadas como malware, ransomware, phishing e engenharia social para comprometerem as redes e roubarem informações sensíveis.

- **Ameaças internas**: As ameaças internas representam um risco significativo para a segurança da rede, uma vez que pessoas internas mal-intencionadas ou funcionários negligentes podem comprometer, intencionalmente ou não, dados ou infra-estruturas sensíveis.

- **Vulnerabilidades em sistemas antigos**: Os sistemas antigos e o software desatualizado contêm frequentemente vulnerabilidades que podem ser exploradas por atacantes para obter acesso não autorizado a redes ou lançar ciberataques.

- **Segurança BYOD e IoT**: A proliferação de políticas de Bring Your Own Device (BYOD) e de dispositivos da Internet das Coisas (IoT) introduz novos desafios de segurança, uma vez que estes dispositivos podem não ter controlos de segurança adequados e tornar-se pontos de entrada para os atacantes.

- **Segurança na nuvem**: A computação em nuvem introduz novas considerações de segurança, como a privacidade dos dados, a conformidade e o controlo de acesso, à medida que as organizações migram dados e aplicações para a nuvem.
- **Explorações de dia zero**: As explorações de dia zero visam vulnerabilidades em software ou hardware que são desconhecidas do fornecedor ou da comunidade de segurança, tornando-as difíceis de detetar e mitigar antes de serem exploradas por atacantes.
- **Violações de dados e conformidade**: As violações de dados podem ter graves consequências financeiras, legais e de reputação para as organizações, especialmente em sectores regulamentados onde a conformidade com as leis e regulamentos de proteção de dados é obrigatória.

2. **Soluções**:

- **Firewalls de próxima geração (NGFW)**: Os NGFWs incorporam funcionalidades avançadas, como a prevenção de intrusões, o reconhecimento de aplicações e a inspeção SSL, para fornecer uma segurança de rede abrangente e proteger contra ameaças em evolução.
- **Sistemas de deteção e prevenção de intrusões (IDPS)**: Os IDPSs monitorizam o tráfego de rede para detetar actividades suspeitas ou padrões de ataque conhecidos e podem bloquear ou atenuar automaticamente as ameaças em tempo real.
- **Soluções de segurança para terminais**: As soluções de segurança de terminais protegem os dispositivos individuais (por exemplo, computadores, portáteis, smartphones) contra malware, acesso não autorizado e violações de dados através de funcionalidades como

software antivírus, deteção e resposta de terminais (EDR) e encriptação de dispositivos.

- **Segmentação de rede**: A segmentação da rede divide uma rede em segmentos separados ou sub-redes para conter violações e limitar o movimento lateral dos atacantes. A segmentação ajuda a aplicar controlos de acesso e a reduzir o impacto de um incidente de segurança.
- **Controlo de acesso e gestão de identidades**: A implementação de controlos de acesso fortes e de práticas de gestão de identidades, como a autenticação multifactor (MFA), o acesso com privilégios mínimos e o controlo de acesso baseado em funções (RBAC), ajuda a evitar o acesso não autorizado aos recursos da rede.
- **Encriptação**: A encriptação de dados em trânsito e em repouso utilizando algoritmos de encriptação fortes (por exemplo, AES, RSA) garante a confidencialidade e a integridade dos dados, protegendo as informações sensíveis contra espionagem e adulteração.
- **Formação de sensibilização para a segurança**: A formação dos funcionários sobre as melhores práticas de cibersegurança, ameaças comuns e sensibilização para o phishing ajuda a aumentar a sensibilização para a segurança e a reduzir a probabilidade de ciberataques bem sucedidos causados por erro ou negligência humana.
- **Gestão de patches**: A aplicação regular de patches e a atualização de software, firmware e sistemas operativos ajudam a atenuar as vulnerabilidades e a reduzir o risco de exploração por parte dos atacantes. As soluções automatizadas de gestão de patches podem

simplificar o processo de aplicação de patches e garantir actualizações atempadas.

- **Resposta a incidentes e planeamento da recuperação de desastres**: O desenvolvimento de planos de resposta a incidentes e de estratégias de recuperação de desastres permite que as organizações respondam eficazmente a incidentes de segurança, minimizem o tempo de inatividade e recuperem de violações de dados ou ciberataques.

3. **Melhores práticas**:

- **Defesa em profundidade**: A implementação de uma abordagem em camadas à segurança, conhecida como defesa em profundidade, envolve a implementação de vários controlos e medidas de segurança em diferentes camadas da rede para criar camadas de proteção sobrepostas.
- **Monitorização contínua**: A monitorização contínua do tráfego de rede, registos e eventos de segurança utilizando sistemas de gestão de informações e eventos de segurança (SIEM) ajuda a detetar e responder a ameaças em tempo real.
- **Auditorias e avaliações regulares de segurança**: A realização regular de auditorias de segurança, avaliações de vulnerabilidade e testes de penetração ajuda a identificar e a corrigir os pontos fracos e as lacunas de segurança na infraestrutura de rede.
- **Aplicação da política de segurança**: O estabelecimento e a aplicação de políticas, procedimentos e directrizes de segurança garantem a consistência e a conformidade com as melhores práticas de segurança em toda a organização.

- **Gestão do risco do fornecedor**: Avaliar e gerir os riscos de segurança associados a vendedores, fornecedores e prestadores de serviços terceiros ajuda a mitigar os riscos da cadeia de fornecimento e a garantir a segurança dos serviços e produtos subcontratados.

Ao enfrentar estes desafios e implementar soluções de segurança robustas e melhores práticas, as organizações podem reforçar a sua postura de segurança de rede, proteger-se contra ameaças em evolução e mitigar o risco de violações de dados e ciberataques. Além disso, a promoção de uma cultura de sensibilização para a cibersegurança e de responsabilidade entre os funcionários é essencial para manter um ambiente de rede seguro e resiliente.

9. Direcções futuras e observações finais:

O futuro do trabalho em rede reserva possibilidades interessantes, uma vez que a tecnologia continua a evoluir e a moldar a forma como nos ligamos, comunicamos e colaboramos. Eis algumas das principais direcções futuras e observações finais:

1. **Tecnologias emergentes**: Os avanços nas tecnologias emergentes, como a 5G e outras, a inteligência artificial, a computação quântica e a computação periférica, impulsionarão a inovação nas redes, permitindo redes mais rápidas, mais fiáveis e mais inteligentes, capazes de suportar uma vasta gama de aplicações e casos de utilização.

2. **Segurança e privacidade**: Com a crescente complexidade e sofisticação das ciberameaças, a segurança e a privacidade das redes continuarão a ser as principais prioridades das organizações. As direcções futuras em matéria de segurança centrar-se-ão na implementação de medidas de segurança proactivas, adaptáveis e resilientes para se defenderem contra ameaças em evolução e protegerem dados e infra-estruturas sensíveis.

3. **Transformação digital**: As redes desempenharão um papel central na viabilização de iniciativas de transformação digital em todos os sectores, impulsionando a eficiência, melhorando as experiências dos clientes e promovendo a inovação. As redes do futuro caraterizar-se-ão pela flexibilidade, escalabilidade e agilidade para suportar as necessidades dinâmicas das empresas digitais.

4. **Ambientes híbridos e multi-cloud**: A adoção de ambientes híbridos e multi-nuvem continuará a aumentar à medida que as organizações procuram tirar partido das vantagens da computação em nuvem, mantendo o controlo sobre os dados críticos e as cargas de trabalho. As futuras soluções de rede permitirão conetividade contínua, interoperabilidade e mobilidade de carga de trabalho em ambientes de nuvem distribuídos.

5. **Arquitetura de confiança zero**: A Arquitetura de Confiança Zero (ZTA) ganhará proeminência à medida que as organizações mudam para um modelo de segurança sem perímetro, em que o acesso aos recursos se baseia na verificação da identidade e na autenticação contínua, em vez dos limites tradicionais da rede. A ZTA melhorará a postura de segurança e permitirá o acesso seguro aos recursos da rede a partir de qualquer local ou dispositivo.

6. **Sustentabilidade e redes ecológicas**: À medida que as preocupações ambientais se tornam mais proeminentes, as futuras soluções de rede centrar-se-ão na eficiência energética, na otimização de recursos e na sustentabilidade. As tecnologias e práticas de redes ecológicas ajudarão a reduzir o consumo de energia, as emissões de carbono e o impacto ambiental, mantendo simultaneamente o desempenho e a fiabilidade da rede.

7. **Redes centradas no utilizador**: As redes tornar-se-ão mais centradas no utilizador, dando prioridade às experiências personalizadas, à

conetividade sem descontinuidades e à mobilidade. As redes do futuro adaptar-se-ão dinamicamente às preferências dos utilizadores, aos requisitos das aplicações e aos factores contextuais para proporcionar experiências de utilizador optimizadas e maior produtividade.

8. **Colaboração e interoperabilidade**: A colaboração e a interoperabilidade entre as partes interessadas, os parceiros da indústria e as organizações de normalização serão fundamentais para impulsionar a inovação, estabelecer normas da indústria e garantir a compatibilidade entre diferentes tecnologias e soluções de ligação em rede.

Em conclusão, o futuro das redes promete ser transformador, impulsionado pelos avanços tecnológicos, pela evolução das necessidades empresariais e pela alteração das expectativas dos utilizadores. Ao adotar a inovação, a colaboração e uma abordagem holística à segurança e sustentabilidade, as organizações podem aproveitar todo o potencial das redes para criar um futuro digital mais ligado, seguro e resiliente.

15. Referências

1. Tanenbaum, A. S., & Wetherall, D. (2011). Redes de computadores (5ª ed.). Pearson Education.

2. Kurose, J. F., & Ross, K. W. (2017). Redes de computadores: Uma abordagem de cima para baixo (7ª ed.). Pearson Education.

3. Comer, D. E. (2015). Redes de computadores e Internets (6ª ed.). Pearson Education.

4. Stallings, W. (2013). Comunicações de dados e computadores (10ª ed.). Pearson Education.

5. Peterson, L. L., & Davie, B. S. (2012). Redes de computadores: A Systems Approach (5ª ed.). Morgan Kaufmann.

6. Cisco Systems. (2019). Índice de rede visual da Cisco: Previsão e tendências, 2019-2024. https://www.cisco.com/c/en/us/solutions/collateral/service-provider/visual-networking-index-vni/white-paper-c11-741490.html

7. Sociedade de Computadores IEEE. (2019). Comité de Normas IEEE 802 LAN/MAN. https://standards.ieee.org/committee/802.html

8. IETF. (n.d.). Internet Engineering Task Force. https://www.ietf.org/

9. Fundação para a criação de redes abertas. (2021). Redes definidas por software (SDN). https://www.opennetworking.org/sdn-resources/sdn-definition/

10. Mell, P., & Grance, T. (2011). A definição do NIST de computação em nuvem. Instituto Nacional de Normas e Tecnologia.

11. AWS. (n.d.). O que é a computação em nuvem? https://aws.amazon.com/what-is-cloud-computing/

12. Gartner. (2020). Quadrante Mágico para Firewalls de Rede. https://www.gartner.com/en/documents/3989649/magic-quadrant-for-network-firewalls

13. Microsoft (2021). Segurança Zero Trust. https://www.microsoft.com/en-us/security/business/zero-trust

14. Google Cloud. (2021). BeyondCorp: Segurança Zero Trust para o local de trabalho moderno. https://cloud.google.com/beyondcorp

15. Davenport, T. H., & Harris, J. (2007). Competing on Analytics: The New Science of Winning. Harvard Business Review Press.

16. Cisco Systems. (2019). Relatório de tendências de redes globais da Cisco 2020. https://www.cisco.com/c/dam/m/en_us/solutions/service-provider/perspectives/cisco-sa-2020-global-networking-trends-report/index.html

17. NIST. (2020). Quadro de Cibersegurança do NIST. https://www.nist.gov/cyberframework

18. ISACA. (2012). COBIT 5: Uma estrutura de negócios para a governança e gerenciamento de TI corporativa. ISACA.

19. Juniper Networks. (2021). Juniper Mist AI-Driven Networking. https://www.juniper.net/us/en/solutions/ai-driven-networking/

20. Fortinet. (2021). Fortinet Security Fabric. https://www.fortinet.com/products/security-fabric

Printed by Books on Demand GmbH, Norderstedt / Germany